AF267837

PÉTITION

A LA CHAMBRE DES DÉPUTÉS,

PAR

UN OFFICIER DE L'ÉTAT-MAJOR GÉNÉRAL
DE L'EX-ARMÉE D'ITALIE,

AUQUEL ON A REFUSÉ, CONTRE TOUTE RAISON, D'APPLIQUER LES
DISPOSITIONS DE L'ORDONNANCE DU 1er. AOUT 1815, CONCER-
NANT LES RETRAITES MILITAIRES.

A PARIS,

DE L'IMPRIMERIE D'Anthe. BOUCHER,

SUCCESSEUR DE L. G. MICHAUD,

RUE DES BONS-ENFANTS, N°. 34.

M. DCCC. XIX.

A MESSIEURS

LES PRÉSIDENT ET MEMBRES

DE LA CHAMBRE DES DÉPUTÉS.

Messieurs,

Plein de confiance dans le bon droit des réclamations que je prends la liberté de soumettre à la Chambre, j'ai dû m'attacher à ne rien négliger *pour qu'elles fussent rigoureusement examinées.*

C'est dans cette vue que, ne pouvant, attendu la longueur indispensable de la pétition, en multiplier les copies qu'au moyen de la presse, j'ai pris le parti d'en faire imprimer la quantité d'exemplaires suffisante pour qu'elle fît partie des distributions qui ont lieu pour la Chambre , auprès de laquelle j'insisterai *préli-minairement et pour cause*, sur l'observation suivante:

L'ordonnance du 20 mai dernier, qui règle définitivement le mode d'exécution de l'ordonnance du 1er. août 1815, concernant les retraites militaires, porte, art. 22 :

« Quant aux officiers qui, avant leur
» rentrée en activité, depuis le 1er. jan-
» vier 1812, étaient sans aucun traite-
» ment de retraite ni de réforme, *et qui*
» *jouissent maintenant de la demi-*
» *solde*, etc. »

Si l'on rapproche cet article de l'article 15 de l'ordonnance du 12 mai 1814, qui enjoint aux généraux chargés de l'organisation des troupes, de ne placer, *comme titulaire*, aucun des officiers rentrés en activité depuis le 1er. janvier 1812, lesquels seront admis à la retraite ou à la réforme,

Il devient de la dernière évidence que l'inspecteur-général qui, en 1814, n'a pas placé *comme titulaire*, mais qui, au contraire, a mis *en non activité* un officier d'état-major qu'il savait n'être rentré en activité que depuis le 28 juillet 1813, a fait ponctuellement ce qui lui était littéralement prescrit.

Voilà cependant, Messieurs, ce que l'on me conteste depuis plus de trois ans.

J'ai l'honneur d'être, avec un profond respect,

Messieurs,

Votre très humble et très obéissant serviteur,

JARRY DE MANCY,

Chevalier de l'ordre royal de la Légion-d'honneur.

Paris, ce   mars 1819.

SOMMAIRE DE LA PÉTITION.

Un officier de l'état-major général de l'ex-armée d'Italie, auquel on a refusé, contre toute raison, d'appliquer les dispositions de l'ordonnance du premier août 1815, concernant les retraites militaires,

Demande : 1°. Qu'un double de cette Pétition demeure déposé au bureau des renseignements de la Chambre, afin que, dans l'occasion, chaque député puisse y trouver une preuve qu'il arrive quelquefois que la responsabilité des ministres est compromise par leurs bureaux ;

2°. Que ladite Pétition soit renvoyée au ministre de la guerre.

A MESSIEURS

LES PRÉSIDENT ET MEMBRES

DE LA CHAMBRE DES DÉPUTÉS.

MESSIEURS,

Le Soussigné, domicilié à Paris, y demeu‑
rant, rue du Hasard, n°. 5,

A l'honneur de vous Exposer que, depuis
la fin de 1815 jusqu'à ce jour, il n'a cessé de
réclamer, mais en vain, pour obtenir qu'on
exécutât, en ce qui le concerne, la volonté du
Roi, formellement exprimée dans les ordon‑
nances des 12 mai 1814, 1er. août 1815, et
20 mai 1818.

Celle du 12 mai 1814, concernant l'organi‑

sation de l'armée, porte, art. 15 : « Seront
» admis à la solde de retraite tous les officiers
» qui, par l'ancienneté de leurs services, leurs
» blessures ou leurs infirmités, ont des droits
» acquis à une solde de retraite, d'après les
» règlements actuellement en vigueur. *Seront*
» *également admis à la retraite ou à la ré-*
» *forme, avec les droits que leur donnent*
» *leurs nouveaux services, tous les officiers*
» *qui sont rentrés en activité depuis le* 1er.
» *janvier* 1812. — En conséquence, les géné-
» raux chargés de l'organisation ne placeront,
» *comme titulaire,* aucun officier auquel les
» dispositions précédentes pourraient être ap-
» plicables. »

Celle du 1er. août 1815, concernant les retraites militaires et l'Instruction y relative
du 4 septembre suivant, approuvée par le Roi,
porte, entre autres dispositions, celles suivantes : « Les capitaines d'état-major de l'ar-
» mée, âgés de 50 ans, ayant quatorze ans et
» un jour de service effectif, *soit qu'ils aient*
» *été désignés pour la retraite ou la réforme*
» (art. 12 de ladite Instruction), qui, au 20
» mars, étaient en demi-solde, n'avaient pas
» reçu l'ordre de quitter leurs fonctions et
» étaient à la disposition du ministre de la
» guerre, *sont de plein droit à la retraite et*

» *ont droit au maximum d'ancienneté de*
» *leur grade.* »

Enfin, celle du 20 mai 1818, qui règle les droits des officiers en non activité, porte, titre 1er., art. 1er. : « A compter du 1er. juillet
» prochain, la solde de retraite sera payée
» sur le fonds des demi-soldes, aux officiers
» qui, jouissant présentement, sur ce fonds, du
» traitement de non-activité, se trouveront
» dans les positions suivantes : 1°. à ceux qui,
» avant notre ordonnance spéciale du 1er. août
» 1815 sur les retraites, avaient été désignés
» pour la solde de retraite déterminée par notre
» ordonnance du 27 août 1814; 2°., *à ceux*
» *qui, d'après les dispositions de notre ordon-*
» *nance du 1er. août 1815, devaient, à cette*
» *époque, obtenir, de plein droit, une pension*
» *de retraite; 3°. à ceux qui, ayant au 1er.*
» *septembre 1815, des droits acquis à la solde*
» *de retraite d'après les dispositions de l'ar-*
» *ticle 2 de notre ordonnance du 1er. août*
» *précédent, en ont fait la demande.* »

L'Exposant, Messieurs, est âgé de soixante ans; il avait dix-neuf ans de services militaires effectifs, et recevait la demi-solde, non seulement au 20 mars 1815, mais aussi quand l'ordonnance du 1er. août suivant a été rendue; il avait été proposé, le 31 août 1814, par M. le comte Grenier, inspecteur-général, aujourd'hui l'un de vos collègues, pour être placé, à son grade, dans la gendarmerie qu'on réorganisait par ordre du Roi, et était ainsi très positivement à la disposition du ministre de la guerre.

On ne lui a rien contesté, au sujet de ceci, dans les bureaux ; copies dûment certifiées des pièces qui le prouvent, y ont été déposées et y sont encore.

Cependant quatre décisions ministérielles successivement rendues contre lui, prononcent, savoir : les trois premières, en date des 26 septembre 1816, 29 mars et 16 avril 1817, « *qu'il n'a droit à aucun traite-* » *ment, ni à aucune récompense mili-* » *taire.* »

La quatrième, en date du 19 juin 1818, sans s'exprimer d'une manière aussi tranchante, produit le même résultat contre l'Exposant, dont elle élude les réclamations.

Il avait appelé au Roi lui-même des deux premières décisions. Ce sage Monarque n'avait laissé aucun doute sur ses intentions ; il les avait manifestées publiquement dans le préambule de son ordonnance susdite du 1er. août 1815, ainsi conçu : « Ayant reconnu que » le principe le plus juste, et en même temps

« le plus favorable à l'organisation d'une
» bonne armée, est de faire porter d'abord
» les réformes sur les officiers qui, n'étant
» plus dans la vigueur de l'âge, sont moins
» capables du service actif ; desirant en même
» temps adoucir l'effet de ces réformes pour
» ceux qu'elles auront frappés *avant qu'ils*
» *aient le temps de service prescrit par les*
» *règlements généraux pour l'obtention d'une*
» *retraite*, etc. »

De-là les dispositions précitées de ladite or-donnance, sur lesquelles se fonde le droit in-contestable de l'Exposant à la retraite du maximum d'ancienneté de son grade.

Son placet, renvoyé à M. le maréchal duc de Feltre, alors ministre de la guerre, a occa-sionné, quatre jours après, de la part des bu-reaux, dont il s'était plaint, une décision (celle du 16 avril 1817), rendue *ab irato*, plus arbitraire et plus absurde que les deux précédentes.

Et voilà comment il se fait, Messieurs, que sous des ministres dont la responsabilité n'a pas encore été réglée, les bureaux chargés de l'expédition des affaires, appliquent impuné-ment à chaque individu les ordonnances comme il leur plaît, et ne veulent point en démordre.

La correspondance de l'Exposant avec le bureau des soldes de retraite, ne laissera aucun doute sur ce fait; mais avant que de la mettre sous vos yeux, Messieurs, il est à propos que l'Exposant vous fasse connaître quelle a été la première et peut-être la véritable cause des vexations qu'il endure depuis plus de trois ans.

Il passera sous silence les dangers qu'il a courus à la fin du premier semestre de 1815, lorsqu'on assommait, à Marseille, où il demeurait depuis un an, les officiers à demi-solde. Il ne fait mention de cette circonstance que pour faire valoir qu'à son arrivée à Paris, en juillet, M. le maréchal comte Gouvion Saint-Cyr, alors ministre de la guerre, sur le certificat de M. le comte Maisons, alors commandant de la première division militaire, reconnut que son domicile était à Paris, et le fit traiter en conséquence.

L'ordonnance du 1er. août 1815 a été rendue sur ces entrefaites.

Bientôt après, M. le comte Despinois remplaça M. le comte Maisons, en même temps que M. le maréchal comte Gouvion Saint-Cyr fut remplacé par M. le maréchal duc de Feltre.

Les officiers à demi-solde éprouvèrent, à l'époque de ce changement, une disgrâce complète. Un ordre du jour du ministre enjoignait à ceux qui demeuraient à Paris, de partir sur-le-champ pour le lieu de leur naissance, à moins qu'ils ne justifiassent d'un domicile légalement acquis dans la capitale. Le bureau de la police militaire, établi à l'état-major-général, devenait de jour en jour plus difficultueux sur les preuves de cette légalité.

L'Exposant présentait un certificat du maire de l'arrondissement dans lequel il demeurait ; ce certificat, régulier dans tous les points, était visé par M. le préfet du département de la Seine ; le bureau de police militaire ne jugeait pas cela suffisant, et insistait pour que l'Exposant quittât Paris. Celui-ci qui pensait, comme il le pense encore aujourd'hui, que la qualité de militaire ne prive pas un Français de ses droits de citoyen, résistait en s'appuyant sur le texte même de l'ordre du jour.

On en vint jusqu'à lui signifier par écrit l'ordre de se transporter au bureau de la police militaire, pour y prendre une feuille de route, afin de se rendre au domicile qu'il lui plairait de choisir ; il répondit aussi par écrit que Paris étant son domicile, il n'avait pas besoin de feuille de route pour s'y rendre, puisqu'il y était ; à quoi il ajoutait que, soumis à la discipline militaire, il partirait dans les vingt-quatre heures pour tel endroit du royaume qu'on lui désignerait, s'il y était contraint par un ordre formel, au moyen duquel il conserverait son domicile légal, qu'il lui importait de ne pas perdre dans la capitale.

On en resta là ; mais aussi le permis de séjour dont l'Exposant avait besoin pour passer la revue de l'inspecteur-général, lui fut constamment refusé, *et le paiement de la demi-solde cessa pour lui sans autre formalité ;* le dernier qu'il a reçu est sous la date du 8 décembre 1815, pour demi-solde de juillet, août et septembre précédents : son livret en fait foi.

Sur la plainte qu'il en fit au bureau de la police militaire, il fut convenu que de part et d'autre, on en référerait au ministre de la guerre, au nom duquel on répondit *huit mois après.*

C'est ici, Messieurs, que commence une correspondance, au sujet de laquelle cette explication préliminaire était indispensable.

MINISTÈRE DE LA GUERRE.

2e. Division. — *États-majors.*

Paris, le 26 septembre 1816.

« Je me suis fait rendre compte, Monsieur,
» des différentes demandes que vous m'avez
» adressées pour obtenir l'autorisation de ré-
» sider à Paris, et d'y recevoir la demi-solde,
» en attendant la fixation de la pension de
» retraite à laquelle vous prétendez avoir
» droit.

» D'après un examen attentif de ce qui
» vous concerne, j'ai remarqué que vous étiez
» dans le cas de l'application de l'article 15 de
» l'ordonnance du 12 mai 1814, qui rend à leur
» état précédent tous les officiers rentrés en
» activité depuis le 1er. janvier 1812, et que
» n'étant plus, à cette même époque, sur les
» contrôles, puisque vous étiez rentré dans
» l'ordre civil après la campagne de 1809, et
» que ce n'est qu'en 1813 que vous avez été
» nommé capitaine d'état-major, vous n'avez
» droit aujourd'hui à aucun traitement, ni à
» aucune récompense militaire.

» Vous concevrez aussi que, par une consé-
» quence de ce principe, je ne puis ni ne dois

» m'occuper de la demande subsidiaire que
» vous avez formée d'une autorisation de ré-
» sidence dans la capitale, et que c'est à l'au-
» torité civile que vous devez vous adresser
» pour cet objet.

» Je suis, Monsieur, votre très humble et
» très obéissant serviteur.

» *Signé*, le maréchal duc DE FELTRE. »

Au bas est écrit : *A M. Jarry de Mancy,
ex-officier d'état-major.*

L'Exposant, Messieurs, qui, à l'époque du
12 mai 1814, était à l'armée d'Italie, où il
remplissait les fonctions de commandant du
quartier-général de la deuxième lieutenance
de cette armée, n'avait jamais entendu parler
d'aucune ordonnance du Roi, en date de ce
jour-là, qui pût le concerner.

Son premier soin, à la réception de cette lettre, a été de faire des recherches à cet égard : les
seules ordonnances de S. M., rendues ce jour-là,
sont : une ordonnance sur l'organisation de
l'infanterie française, une sur celle de la cavalerie française, une sur celle du corps royal
d'artillerie, et *aucune sur les officiers d'état-
major.*

Dans celle qui concerne l'organisation de

l'infanterie française, l'article 15 est *celui qui est littéralement transcrit en tête de cette pétition*.

L'Exposant, en rapprochant la seule partie de cet article qui pût le concerner *indirectement*, des dispositions de l'ordonnance du 1er. août 1815, n'a pas eu de peine à remarquer qu'on lui en faisait dans les bureaux une application erronée ; il s'est empressé d'adresser ses réclamations, et les fondait principalement sur ce qu'en supposant que cette disposition de l'article 15 de l'ordonnance du 12 mai 1814, concernant l'organisation de l'infanterie française, lui fût applicable, l'une des dispositions précitées de l'Instruction du 4 septembre, sur l'ordonnance du 1er. août 1815, y avait formellement égard, en disant, article 12 : « Sera » également réputé en activité au 1er. juil- » let 1815, l'officier qui, *après avoir été* » *désigné pour la solde de retraite, la ré-* » *forme ou les vétérans, n'avait pas reçu,* » *au 20 mars, l'ordre de quitter les fonc-* » *tions qu'il remplissait alors.* »

Six mois après, il a reçu la réponse suivante

MINISTÈRE DE LA GUERRE.

5e. Division. — *Bureau des soldes de retraite.*

TROISIÈME SECTION.

Paris, ce 29 mars 1817.

« Monsieur, il m'a été rendu un nouveau
» compte de la réclamation que vous m'avez
» adressée pour solliciter votre admission à la
» solde de retraite.

» Vous seriez fondé à réclamer cette ré-
» compense, si vous justifiez de trente ans
» de service effectif ; mais vous n'en comptiez
» que quinze années, quand vous avez cessé
» toute activité en 1789, et le service momen-
» tané que vous avez fait depuis aux armées,
» ne vous donne aucun droit au bénéfice de
» l'ordonnance du 1er. août 1815, dont vous
» invoquez les dispositions. Je ne puis donc
» que vous rappeler, à cet égard, ce que je
» vous ai écrit le 26 septembre dernier,
» qu'ayant de nouveau cessé de faire partie
» de l'armée en 1809, pour rentrer dans l'or-
» dre civil où vous êtes resté jusqu'en 1813,
» vous êtes dans le cas de l'application de l'ar-
» ticle 15 de l'ordonnance du 12 mai 1814,

» qui rend à leur état précédent les officiers
» remis en activité depuis le 1er. janvier 1812.
» Recevez mes regrets.

» Je suis, Monsieur, votre très humble et
» très obéissant serviteur.

» *Signé*, le maréchal duc DE FELTRE. »

Au bas est écrit : *A M. Jarry de Mancy,
ex-officier d'état-major.*

———

L'Exposant, Messieurs, a un trop grand besoin de l'attention qu'il supplie la Chambre de
lui accorder, pour ne pas craindre d'en abuser ;
c'est pourquoi il supprimerait volontiers dans
cette pétition, les raisonnements qu'à la suite
d'une telle lettre, il a fait dans un placet
adressé au Roi. Mais ce serait, Messieurs, ne
pas rendre à la Chambre la justice qui lui est
due. Ceux qui assistent à ses séances, savent
qu'elle prête une oreille attentive aux rapports
de la commission des pétitions, et que celle-ci
remplit avec zèle le soin dont elle est chargée.
L'Exposant n'a donc rien de mieux à faire que
d'entrer dans tous les détails relatifs à l'objet
de sa réclamation.

Voici le placet au Roi, qu'il a adressé dans

les 1ᵉʳˢ. jours d'avril 1817, au premier gen-
tilhomme de la chambre de S. M.

SIRE,

Le soussigné dépose au pied du trône de
très humbles supplications, à l'effet de réclamer contre une décision ministérielle opposée
à la volonté formellement exprimée de Votre
Majesté.

FAITS.

Le 1ᵉʳ. août 1815, le Roi ayant reconnu
que la force de ses armées de terre excédait
de beaucoup l'état de paix, et était surtout
hors de proportion avec les revenus du royaume;
que le principe le plus juste et en même temps
le plus favorable à l'organisation d'une bonne
armée, est de faire porter les réformes sur les
officiers qui, *n'étant plus dans la vigueur de
l'âge*, sont moins capables du service actif;

Desirant, en même temps, adoucir l'effet
de ces réformes pour ceux qu'elles auront
frappés *avant qu'ils aient le temps de service
prescrit par ses règlements généraux pour
l'obtention d'une retraite*;

Sur le rapport de son ministre secrétaire-d'état de la guerre, a ordonné et ordonne, entre autres dispositions, celles suivantes :

TITRE I.er

Art. I.er, 3.e §. Les officiers d'état-major et des corps, autres que les officiers supérieurs, qui seront dans leur cinquantième année d'âge, sont à la retraite, *de plein droit et sans exception quelconque.*

Art. 2.e, 2.e §. Les officiers d'état-major et des corps, autres que les officiers supérieurs, qui seront dans leur vingtième année de service, sont susceptibles d'être mis à la retraite, sur leur demande ou autrement.

Art. 3.e La solde de retraite pour le nombre d'années de service déterminé pour chaque classe par les deux articles précédents, sera portée au *maximum d'ancienneté.* Ce temps de service exigible *sera diminué de cinq années* pour les officiers qui auraient l'âge indiqué pour leur classe dans l'article I.er ci-dessus.

Art. 8.e Le ministre secrétaire-d'état de la guerre mettra en exécution, d'ici au I.er septembre prochain, ce qui concerne les officiers d'état-major de l'armée.

Art. 9.e Toutes les dispositions ci-dessus, ne

sont applicables qu'en faveur des officiers qui se trouvaient employés au mois de juillet 1815.

TITRE IIIe.

Art. 12e. Aucune demande d'activité de service dans la gendarmerie, ne pourra être admise à cinquante ans d'âge.

Art. 14e. Le ministre secrétaire-d'état au département de la guerre, est chargé de l'exécution de la présente ordonnance.

Cette ordonnance, Sire, dont les dispositions précitées sont toutes applicables en faveur du Suppliant, est tellement conforme à l'expresse volonté de Votre Majesté, que, le 4 septembre suivant, elle a approuvé l'Instruction y relative, dont les dispositions textuelles, ci-dessous transcrites, sont contredites par la décision ministérielle, contre laquelle le Suppliant adresse à Votre Majesté ses très humbles réclamations.

Art. 5 de ladite Instruction. Les officiers d'état-major, autres que les officiers supérieurs, qui sont nés avant le 1er. septembre 1766, *auront le maximum de la retraite, s'ils prouvent seulement quatorze ans et un jour de service.*

Art. 6. L'âge indiqué dans l'article ci-dessus, met de plein droit, et sans exception, l'officier à la retraite, quelle que soit la durée de son service; mais il est clair, d'après l'art. 3, que cet âge ne donne lieu au *maximum de la solde de retraite*, qu'autant qu'on y joint, ainsi qu'il vient d'être expliqué ci-dessus, *quatorze ans et un jour de service effectif.*

Art. 12. Sera réputé en activité au premier juillet 1815, l'officier qui, après avoir été désigné pour la solde de retraite, le traitement de réforme ou les vétérans, n'avait pas reçu, au 20 mars dernier, l'ordre de quitter les fonctions qu'il remplissait alors.

Art. 14. On ne peut non plus faire aucune difficulté de considérer comme employés au 1er. juillet 1815, les officiers qui, au 1er. mars, étaient en demi-solde, *comme susceptibles d'être appelés au premier ordre.*

L'homme des bureaux, Sire, qui a présenté au ministre de la guerre le rapport qui a déterminé la décision contre laquelle le Suppliant réclame, n'a fait aucune attention à la pièce la plus importante et la plus décisive de toutes celles qui établissent le droit qu'a le Suppliant au maximum de la retraite de capitaine, de-

puis le 1er. septembre 1815, d'après l'ordonnance du 1er. août précédent, et l'Instruction
y relative.

Cette pièce, en date du 31 août 1814, constate que le Suppliant employé à l'état-major-
général de l'ex-armée d'Italie, comme capitaine-adjoint, s'est présenté ledit jour devant
M. le comte Grenier, lieutenant-général des
armées de Votre Majesté, inspecteur-général
du 9e. arrondissement, à l'effet de remplir les
conditions prescrites par l'ordre du jour du 22
mai, relatif aux officiers de l'état-major-général de l'armée ; qu'ayant demandé à être proposé à S. Exc. le ministre de la guerre, pour
passer avec son grade dans la gendarmerie,
cette demande a été faite et adressée au ministre ; qu'en conséquence, ledit inspecteur-
général a autorisé le Suppliant à se retirer à
Marseille, département des Bouches du -
Rhône, où il avait élu son domicile, *et où il
jouirait du traitement de non activité de
capitaine-adjoint à l'état-major-général de
l'armée, en attendant la décision de S. Exc.
le ministre de la guerre, sur la proposition
qui lui a été faite en sa faveur.*

L'article 15, Sire, de l'ordonnance du 12
mai 1814, qu'on oppose au Suppliant, est conçu en ces termes : « Seront admis à la retraite

» ou à la réforme avec les droits que leur don-
» nent leurs nouveaux services, tous les offi-
» ciers qui sont rentrés en activité depuis le
» 1er. janvier 1812. »

Certes, cela est bien loin de signifier qu'ils sont remis dans l'état où ils étaient au 1er. janvier 1812.

Mais quand cela serait, cette disposition serait nulle, quant à ce qui concerne le Suppliant.

En effet, Sire, l'art. 12 de l'Instruction du 4 septembre 1815, entendu dans le sens de la déclaration formelle de Votre Majesté, au sujet de ceux qui n'avaient pas, au 1er. août précédent, le temps de service prescrit par les règlements généraux pour l'obtention d'une retraite, porte « que l'officier qui, après avoir
» été désigné pour la solde de retraite, n'a-
» vait pas encore reçu, au 20 mars, l'ordre de
» quitter ses fonctions, sera réputé en activité
» au 1er. juillet 1815 ; » à quoi l'art. 14 de ladite Instruction, ajoute : « On ne peut non plus
» faire aucune difficulté de considérer comme
» employés au 1er. juillet 1815, les officiers
» qui, au 1er. mars, étaient en demi-solde,
» *comme susceptibles d'être appelés au pre-*
» *mier ordre.* »

Or, il est évident, Sire, que, jusqu'au 1er. août 1815, époque à laquelle Votre Majesté a voulu (art. 12 de l'ordonnance dudit jour), qu'à compter dudit jour, aucune demande d'activité de service dans la gendarmerie ne pût être admise à cinquante ans d'âge, le Suppliant, d'après sa mise en non activité, sa demande à l'inspecteur général et la proposition faite en sa faveur, était, sous tous les rapports, à la disposition du ministre de la guerre.

Le Suppliant était d'autant plus fondé dans cette demande, et la proposition de l'inspecteur-général en sa faveur était d'autant plus admissible, qu'on ne pouvait ignorer dans les bureaux de la guerre, qu'il avait été garde-du-corps du Roi depuis le 25 janvier 1774, jusqu'au 18 mai 1788, époque à laquelle il a reçu le brevet de capitaine de cavalerie, et est devenu aide-de-camp du marquis de Conflans, lieutenant - général, commandant en Basse-Alsace ; qu'en 1809 et 1810, il a fait la campagne à l'armée du Nord, en qualité de chef de bataillon employé à l'état-major général de cette armée.

Le livret du Suppliant, et d'autres pièces encore, prouvaient au rapporteur de son affaire, qu'il a continué d'être payé de son traitement de non activité jusqu'au moment où il s'est mis en réclamation pour obtenir sa retraite, et continuer, en attendant, de recevoir la demi-solde.

Enfin, Sire, Votre Majesté, en annonçant dans le préambule de son ordonnance du 1er. août 1815, qu'elle desirait adoucir l'effet des réformes pour ceux qu'elles auront frappés, *avant qu'ils aient le temps de service prescrit par les règlements généraux pour l'obtention d'une retraite,*

A voulu que ceux des officiers d'état-major qui avaient cinquante ans d'âge et quatorze ans de service effectif, *eussent le maximum de la retraite de leur grade*; et qu'on ne fît aucune difficulté de considérer comme employés au mois de juillet 1815, ceux qui, au 1er. mars, étaient en demi-solde, *comme susceptibles d'être appelés au premier ordre.*

Elle n'a pas voulu qu'il fût permis de dire au Suppliant que, « n'ayant pas trente ans de » service effectif, il n'avait droit à aucun » traitement ni à aucune récompense mili- » taire. »

Cependant, Sire, aucune des pièces déposées par le Suppliant dans les bureaux de la guerre, ne lui a été renvoyée. Il n'en a reçu que cette décision assommante, à laquelle il était bien éloigné de s'attendre.

Mais Votre Majesté est là. Un ordre suprême émané du trône nécessitera un nouveau rapport, au moyen duquel le ministre de la guerre, éclairé sur la véritable situation du Suppliant, s'empressera de se conformer, envers lui, aux dispositions de l'ordonnance du 1er. août 1815, et de l'Instruction y relative, du 4 septembre suivant.

Il est, avec le plus profond respect, et le plus entier dévouement,

SIRE,

De Votre Majesté,

Le très humble, très obéissant et très soumis sujet,

Signé, JARRY DE MANCY,

Chevalier de l'Ordre royal de la Légion-d'honneur, capitaine - adjoint à l'état-major-général, sollicitant sa retraite.

——————

Messieurs,

Le renvoi de ce placet ayant été annoncé à l'Exposant, par M. le duc d'Aumont, avoir été fait au ministre de la guerre, le 12 avril, il eut l'honneur d'écrire le lendemain à Son Excellence, la lettre suivante, en y joignant une copie dudit placet :

A Son Excellence Monseigneur le maréchal duc de Feltre, ministre de la guerre.

« Monseigneur,

» Un billet que je reçois à l'instant de M. le » duc d'Aumont, m'apprend que le placet au » Roi, dont copie est ci-jointe, vient d'être » renvoyé à Votre Excellence, *et que c'est là* » *qu'il faut m'adresser pour connaître le ré-* » *sultat de ma demande.* Cette annonce m'a- » vertit du devoir que j'ai à remplir. Je le ferai » le plus brièvement qu'il m'est possible.

» La première décision ministérielle du 26 » septembre 1816, contre laquelle j'ai réclamé » auprès de votre Excellence, me signifiait que » je n'avais droit à aucun traitement ni à au- » cune récompense militaire, *parce que j'a-* » *vais celui d'être admis à la retraite ou à la* » *réforme avec ceux que me donnaient mes* » *nouveaux services* (art. 15 de l'ord. du 12 » mai 1814).

» Cependant le Roi avait pris lui-même la
» peine d'expliquer quels étaient les droits
» que me donnaient ces nouveaux services.

» Ayant daigné faire connaître publique-
» ment ses motifs, pour ordonner que les ré-
» formes portassent de préférence sur les of-
» ficiers âgés, il annonçait qu'il desirait en
» même temps en adoucir l'effet pour ceux
» qui en seraient frappés avant qu'ils eussent
» le temps de service prescrit par les règle-
» ments généraux pour l'obtention d'une re-
» traite. (Ordonnance du 1er. août 1815.)

» Des motifs aussi clairs, une volonté aussi
» formelle, dont je prouve que l'application
» m'est incontestablement due (lire le placet
» au Roi), n'ont pas empêché que l'itérative
» décision du 29 mars dernier, contre laquelle
» j'ai réclamé au pied du trône, m'ait signi-
» fié de nouveau que je n'avais droit à aucun
» traitement ni à aucune récompense militaire,
» *parce que j'avais celui d'être admis à la re-*
» *traite avec ceux que me donnaient mes*
» *nouveaux services.* (Toujours ce même
» article 15 de l'ordonnance du 12 mai 1814,
» qu'on ne cesse de m'opposer.)

» Cependant, Monseigneur, ces nouveaux
» services, pour le dire en passant, me don-
» naient d'autant plus de nouveaux droits,

» qu'ils m'avaient imposé une nouvelle obli-
» gation. J'ai épuisé ce qui me restait de
» moyens pécuniaires, lorsqu'en juillet 1813,
» j'ai reçu de Votre Excellence l'ordre de me
» rendre à l'état-major-général de l'armée
» d'Italie. Mon équipement et les deux che-
» vaux que j'ai achetés pour ce service, m'ont
» coûté près de 2,000 fr., qui ont été entière-
» ment perdus pour moi ; je n'ai pas reçu un
» sou de nouvelle entrée en campagne ; j'af-
» firme cela sur mon honneur.

» Je me suis engagé à être court ; il m'est
» cependant impossible de terminer cette
» lettre sans représenter à Votre Excellence
» que *de semblables décisions* sont tellement
» contraires aux intentions du Roi, et à celles
» de la Chambre des députés, publiquement
» manifestées durant la dernière session , par
» le rapporteur de la commission chargée de
» l'examen du budget, qu'il est indubitable
» que Votre Excellence, surchargée d'af-
» faires, aura signé pour celle-ci, comme
» pour quelques autres, *sans en avoir pris con-*
» *naissance.*

» J'ai l'honneur d'être, avec un profond
» respect, etc. »

L'Exposant, Messieurs, prend ici la liberté de rappeler à la Chambre que, vers le commencement de cette pétition, il n'a pas hésité à lui dire que son placet au Roi, renvoyé au ministre, avait occasionné, quatre jours après, de la part des bureaux dont il s'était plaint (comme on le voit) tant au Roi qu'au ministre, une décision *ab irato*, plus arbitraire et plus absurde que les deux précédentes, ce qui avait donné lieu à l'Exposant d'ajouter que : « Sous
» des ministres dont la responsabilité n'a pas
» encore été réglée jusqu'à ce jour, les bureaux
» chargés de l'Expédition des affaires, appli-
» quent impunément, à chaque individu, les
» ordonnances comme il leur plaît, *et n'en*
» *veulent pas démordre*......... »

MINISTÈRE DE LA GUERRE.

5e. Division. — *Bureau des Soldes de retraite.*

TROISIÈME SECTION.

Paris, 16 avril 1817.

« Monsieur, dans le Mémoire que vous avez
» adressé au Roi, et dont Sa Majesté m'a fait
» le renvoi, vous supposez que l'article 15 de
» l'ordonnance du 12 mai 1814, qui a servi

» de motif pour faire rejeter votre demande
» d'admission à la retraite, doit, au contraire,
» légitimer vos droits à cette récompense ; et
» vous rapportez ainsi cet article à l'appui de
» votre réclamation :

Seront également admis à la retraite ou à la réforme, avec les droits que leur donnent leurs nouveaux services, tous les officiers qui sont rentrés en activité depuis le 1er. janvier 1812.

» Si l'article dont il s'agit était conçu de cette
» manière, peut - être pourriez-vous l'inter-
» prêter en votre faveur ; mais vous n'en rap-
» pelez que la partie qui serait à votre avan-
» tage, et qui ne peut être expliquée qu'à
» l'aide de ce qui la précède. Voici comment
» il est rapporté dans l'ordonnance que j'ai
» sous les yeux :

Seront admis à la solde de retraite tous les officiers qui, par l'ancienneté de leurs services, leurs blessures ou leurs infirmités, ont des droits acquis à une solde de retraite, d'après les règlements actuellement en vigueur. Seront également ment admis à la retraite ou à la réforme, avec les droits que leur donnent leurs nouveaux services, tous les officiers qui sont rentrés en activité depuis le 1er. janvier 1812.

En conséquence, les généraux chargés de l'organisation, ne placeront, comme titulaire, aucun officier auquel les dispositions précédentes pourraient être applicables.

» Il résulte de ces dispositions qu'un officier
» qui, avant le premier janvier 1812, avait
» droit à une solde de retraite par ancienneté,
» après trente ans de service effectif, ou pour
» cause d'infirmités graves provenant des évé-
» nements de la guerre, est autorisé à récla-
» mer cette récompense ; que celui qui jouis-
» sait déjà d'une solde de retraite à la même
» époque du 1er. janvier 1812, est fondé à de-
» mander une augmentation à cette solde, en
» proportion de son nouveau service ; mais
» que l'officier qui ne se trouvait pas dans une
» de ces catégories, a dû rentrer dans la po-
» sition où il était avant sa remise en activité,
» sans être en droit de réclamer une récom-
» pense militaire qui ne lui était pas due. C'est
» là le sens de l'ordonnance et de l'Instruction
» du 25 mai 1814. Or, comme depuis votre
» sortie des gardes-du-corps, vous n'aviez été
» employé qu'un moment en 1809, et que vous
» n'étiez plus sur le tableau d'activité, quand
» vous reprîtes du service en 1813, vous deviez
» rentrer dans l'état civil où vous vous trouviez
» à cette époque.

» C'est par une erreur des inspecteurs aux
» revues que vous avez été admis au traitement
» de non activité après ce service momentané.
» Les sommes que vous avez touchées à ce
» titre, vous ont déjà indemnisé au-delà de ce
» que permettaient les règlements ; mais vous
» ne devez pas vous en faire un titre pour per-
» pétuer une jouissance abusive, ni pour récla-
» mer une pension qui n'est due qu'aux mili-
» taires qui remplissent rigoureusement les
» conditions voulues par les ordonnances. Les
» mêmes motifs vous rendent absolument
» étrangères les dispositions de l'ordonnance
» du 1er. août 1815.

» Je suis, Monsieur, votre très humble et
» très obéissant serviteur.

» *Signé*, le maréchal duc DE FELTRE. »

Au bas est écrit : A M^r. JARRY DE MANCY,
ex-officier d'état-major.

Ce n'est pas sans motif, Messieurs, qu'avant
de transcrire ici cette lettre, l'Exposant a mis
sous les yeux de la Chambre celle que quatre
jours auparavant il adressait au ministre, et
qu'il terminait en lui disant que *ses précédentes
décisions étaient tellement contraires aux*

intentions du Roi et à celles de la Chambre des Députés, formellement exprimées *par le rapporteur de la commission du budget, qu'il était indubitable que S. Ex., surchargée d'affaires, avait signé, pour celle-ci, comme pour quelques autres, sans en avoir pris connaissance.*

Il le fallait, afin que la Chambre remarquât que les rédacteurs des sentences ministérielles envers lesquels l'Exposant ne gardait aucun ménagement, s'étaient cependant abstenus de lui faire à ce sujet la réprimande qu'il aurait infailliblement reçue de M. le maréchal duc de Feltre, *si les bureaux n'absorbaient pas toute correspondance,* et qu'ainsi c'est à leur vanité seule qu'il faut s'en prendre si, au lieu de revenir sur une première décision erronée, ils étaient et sont peut-être encore résolus de ne garder aucune mesure envers celui qui brave ouvertement leur toute-puissance.

On ne peut en douter quand on a lu attentivement le fatras de raisonnements absurdes et contradictoires ci-dessus transcrits. On se demande si l'humeur et la mauvaise volonté ont jamais dicté rien de pareil, et l'on finit par s'indigner du ton de suffisance avec lequel des gens assez dénués de capacité pour donner, quand ils condamnent, gain de cause par leurs propres arguments, écrivent au nom du ministre.

En effet, Messieurs, ils argumentent à tort et à travers sur ce qui, dans l'article dont il s'agit, précède la partie de cet article que l'Exposant avait citée, parce qu'elle était la seule qui le concernât ; et ils l'avertissent ainsi de s'appuyer sur ce qui vient à la suite dans ce même article, et qu'ils se gardent bien de commenter.

Que devaient faire les généraux chargés de l'organisation ? Ne placer *comme titulaire*, aucun des officiers rentrés en activité depuis le 1er janvier 1812, et c'est précisément ce que M. le comte Grenier, inspecteur-général, a fait au sujet de l'Exposant, le 31 août 1814.

La passion les aveugle au point de ressusciter l'Instruction du 24 mai 1814, pour lui faire dire tout le contraire de ce qu'elle renferme.

Cette Instruction enjoint aux inspecteurs-généraux d'adresser au ministre, sous la cote D, l'état nominatif des officiers de l'état-major général de l'armée qu'ils examineront, et qui seront envoyés dans leur domicile *pour y jouir du traitement de non activité jusqu'à ce qu'il ait été statué sur leur sort* ; et voilà précisément ce qu'a fait M. le général comte Grenier,

inspecteur-général du neuvième arrondissement, au sujet de l'Exposant.

Ce fait qu'il importe de vérifier, Messieurs ,
*opère la solution de toutes les difficultés qu'on
oppose à l'Exposant*; c'est pourquoi il supplie
la Chambre de se faire donner sur ce point des
renseignements positifs. L'Instruction volumi-
neuse du 24 mai 1814 existe dans les archives
des bureaux de la guerre, et ne se trouve que
là. Il n'a pas été facile à l'Exposant de s'en pro-
curer la communication ; mais enfin il y est
parvenu.

C'est aussi sur quoi l'Exposant insistait le
plus dans le mémoire qu'il a adressé à M. le
maréchal comte Gouvion-Saint-Cyr, quelque temps après sa rentrée au ministère de la
guerre, et qu'il terminait de la manière suivante, après y avoir exposé ce qui vient d'être
dit :

« A la suite d'une telle lettre, Monseigneur,
» le réclamant ne pouvait plus qu'attendre,
» comme on le lui conseillait, que les Cham-
» bres fussent assemblées, afin qu'elles pris-
» sent en considération les représentations
» qu'une telle décision le mettait en droit de
» faire.

» Mais les changements survenus dans le
» ministère de la guerre lui donnent lieu d'es-

» pérer qu'il sera dispensé d'avoir recours à
» ce dernier expédient pour obtenir justice.
» Il l'attend d'un nouveau rapport qu'il sup-
» plie Votre Excellence de se faire faire sur
» tout ceci.

» Celui qui sera chargé de ce rapport
» aura à examiner, 1°. s'il est vrai que les dis-
» positions de l'ordonnance en date du 12 mai
» 1814, concernant l'organisation de l'infan-
» terie française, soient applicables aux of-
» ficiers d'état-major, et s'il ne serait pas plus
» naturel qu'on supposât qu'il s'agit d'eux
» dans une ordonnance du même jour con-
» cernant l'organisation de la cavalerie fran-
» çaise. Or, il remarquera que, dans cette
» dernière, à l'art. 19, correspondant à l'art.
» 15 de la première qu'on oppose au récla-
» mant, il n'est fait aucune mention des offi-
» ciers de cavalerie rentrés en activité depuis
» le 1er. janvier 1812. Cette seule considéra-
» tion serait, dans les termes dont on se sert
» au Palais, *une fin de non recevoir* contre la
» décision ministérielle, qui ne s'appuie que
» sur cet art. 15 d'une ordonnance tout-à-fait
» étrangère aux officiers d'état-major.

» 2°. S'il est probable que M. le comte
» Grenier, lieutenant-général des armées du
» Roi, inspecteur-général d'infanterie, spécia-

» lement chargé, en cette qualité, d'exécuter,
» dans le 9ᵐᵉ. arrondissement, les dispositions
» de l'ordonnance du 12 mai 1814, concer-
» nant l'organisation des troupes, ait ignoré
» ces dispositions au point de commettre un
» acte arbitraire, en donnant au réclamant,
» le 31 août de la même année, le *certificat*
» *d'inspection* littéralement transcrit dans les
» premières pages de ce mémoire ; et s'il n'est
» pas certain, au contraire, que cet officier-
» général, éminemment distingué par son ap-
» plication et sa capacité en administration,
» s'est littéralement conformé, dans ce certi-
» ficat, aux dispositions de l'Instruction du
» 24 mai, dans laquelle seule, il est question
» des officiers de l'état-major : et c'est pour y
» dire, que *chaque inspecteur-général adres-*
» *sera au ministre, sous la cote D, l'état*
» *nominatif des officiers d'état-major-géné-*
» *ral de l'armée qui ont été examinés par*
» *lui et renvoyés dans leur domicile pour y*
» *jouir du traitement de non activité, jus-*
» *qu'à ce qu'il ait été statué sur leur sort.*
» Ainsi cette Instruction dont on argumente
» contre le réclamant, *et de laquelle on ne dit*
» *pas ce qu'elle renferme,* est positive en sa
» faveur.

» 3.º Comment il se fait que, dans un tel

» état de choses, quand le Roi, chef suprême
» de l'armée, dit formellement *qu'on doit ré-*
» *puter comme étant en activité de service,*
» *ceux qui reçoivent la demi-solde, comme*
» *étant susceptibles d'être appelés au pre-*
» *mier ordre,* on se permette d'écrire à un
» officier qui, lorsqu'il a repris de l'activité,
» a dépensé plus de 2,000 fr. pour s'équiper
» et se monter, et n'a pas reçu alors, ni de-
» puis, un sol d'entrée en campagne, *que*
» *c'est par une erreur des inspecteurs aux re-*
» *vues qu'il a été admis au traitement de*
» *non activité ; que les sommes qu'il a tou-*
» *chées à ce titre, l'ont indemnisé au-delà de*
» *ce que permettaient les règlements ; mais*
» *qu'il ne doit pas s'en faire un titre pour per-*
» *pétuer une jouissance abusive, ni pour ré-*
» *clamer une pension qui n'est due qu'aux*
» *militaires qui remplissent rigoureusement*
» *les conditions voulues par les ordonnances.*

» Y a-t-il donc eu depuis deux ans, au sujet
» de la profession des armes, une révolution
» dans le langage que l'on tient et les principes
» que l'on admet dans les bureaux de la
» guerre ? Quel est le militaire, non pas seule-
» ment un officier, mais même le moindre
» soldat, auquel on puisse dire convenable-
» ment de semblables choses ? N'est-ce donc

» rien que d'être à la disposition du ministre
» et assujetti aux règlemens de la discipline
» militaire?

» Cela mis en délibération, le nouvel exami-
» nateur de cette affaire, Monseigneur, pèsera
» dans sa sagesse les motifs de chacune des
» décisions ministérielles contestées. Il prendra
» en considération la situation réelle de l'Ex-
» posant lors de chacune d'elles, et ne pourra
» manquer de se faire à lui-même les questions
» suivantes :

» Quant à la première décision du 26 sep-
» tembre 1816 : Où et quand le réclamant
» a-t-il pu et dû se croire libéré des obligations
» qu'il avait contractées en rentrant au ser-
» vice ? A-t-il dû faire autrement que de se
» conformer aux ordres de l'inspecteur-géné-
» ral, qui, *lui-même se conformait à ceux du*
» *ministre ?*

» Quant à la deuxième décision du 29
» mars 1817 : Y a-t-il eu quelque ordonnance
» relativement aux officiers d'état-major en
» non activité, autre que celle du 1er. août 1815?
» Les dispositions de celle-ci sont-elles appli-
» cables au réclamant ?

» Enfin, arrivant à la troisième et dernière
» décision du 16 avril suivant, il recherchera
» comment il se pourrait que les inspecteurs

» aux revues eussent commis une erreur en
» allouant une demi-solde que le réclamant
» lui-même, *officier breveté, classé par son*
» *inspecteur-général, non parmi les titu-*
» *laires,* mais parmi les officiers en non ac-
» tivité, ne pouvait cesser de recevoir, à
» moins qu'un ordre émané du trône l'y auto-
» risât.

» De la solution de ces questions, Monsei-
» gneur, dépendra le nouveau rapport que le
» réclamant sollicite avec une pleine confiance
» dans la justice de sa demande. »

Il est avec un profond respect, etc.

Ce mémoire, Messieurs, *est resté sans réponse* ; il n'y a pas eu de rapport fait au ministre : en sorte que les questions ci-dessus
posées sont encore à résoudre.

L'Exposant a d'autant plus le droit de s'en
plaindre à la Chambre, que si, comme individu, il en souffre par la privation de ce qui
lui est légitimement acquis; comme citoyen,
il s'alarme des conséquences qui pourraient
résulter du système absurde que les bureaux
mettent tant d'obstination à défendre.

A les en croire, l'Exposant aurait dû, même
étant encore sous les drapeaux à l'armée d'I-
talie, ne pas ignorer que le 12 mai 1814, on
avait publié en France une ordonnance du

Roi, portant entre autres dispositions, *que les officiers rentrés en activité depuis le 1ᵉʳ. janvier 1812, seraient admis à la retraite ou à la réforme avec les droits que leur donnaient leurs nouveaux services ;* il aurait fallu de plus, en adoptant leur manière de raisonner, qu'il comprît à l'instant que cela signifiait *qu'ils étaient remis, par le fait d'une semblable déclaration, au même état où ils étaient avant le 1ᵉʳ. janvier 1812 ;* et qu'ainsi, tout satisfait d'avoir deviné cette énigme, il s'en retournât chez lui de sa propre autorité, et cela sous peine de s'entendre officiellement reprocher *de s'être approprié une jouissance abusive,* en se conformant aux ordres de son général, et en se contentant de 25 écus par mois, pour continuer d'être à la disposition du ministre de la guerre, jusqu'à ce qu'il eût statué sur son sort.

Telle est, dans toute sa simplicité, la cause de l'Exposant. Elle devient d'un intérêt général, quand on considère que si de semblables inconséquences étaient autorisées, il pourrait arriver qu'en certains cas, elles occasionnassent l'anéantissement de la discipline militaire, et par contre-coup, la ruine de l'Etat.

Enfin, Messieurs, l'ordonnance du 20 mai

dernier, qui a pour objet de régler l'exécution définitive de celle du 1er. août 1815, a paru.

L'Exposant joint à cette pétition un exemplaire de cette ordonnance. La Chambre y remarquera, indépendamment de l'art. 1er., mentionné au commencement de cette pétition, l'art. 22 ainsi conçu (dont le dernier paragraphe constate les droits qu'avait l'Exposant à la demi - solde), et qu'il ne cite en entier qu'afin d'éviter l'étrange reproche qu'on lui a fait, le 16 avril 1817, au sujet d'une citation tronquée de l'art. 15 de l'ordonnance du 12 mai 1814.

« Les dispositions de notre ordonnance du
» 12 mai 1814, portant que les officiers pen-
» sionnés ou réformés, rentrés en activité de-
» puis le 1er. janvier 1812, seront admis de
» nouveau à la retraite ou à la réforme, avec
» les droits que leur donnaient leurs nouveaux
» services, seront appliquées aux officiers de
» tout grade et de toute arme, aux administra-
» teurs militaires et officiers de santé qui, étant
» dans ce cas, jouissent en ce moment du
» traitement de non activité, à moins qu'ils
» n'aient été rétablis de nouveau sur les con-
» trôles de l'armée, ou admis au traitement de
» non activité par des décisions spéciales, éma-
» nées de notre autorité, postérieures au 12 mai
» 1814, et antérieures à la présente ordon-
» nance.

» *Quant à ceux qui, avant leur rentrée en*
» *activité depuis le 1er. janvier 1812, étaient*
» *sans traitement de retraite ou de réforme,*
» *et qui jouissent maintenant de la demi-*
» *solde*, ils pourront *obtenir s'il y a* lieu , *et*
» *s'il n'a pas encore été décidé sur leur sort*
» (c'est ce que faisait l'ordonnance du 1er.
» août 1815, pour l'Exposant), le traitement
» de réforme pour cinq ans, sur lesquels sera
» imputé le temps de la jouissance du traitement
» de non activité ; mais ils conserveront leurs
» droits à une pension définitive , si ces droits
» étaient acquis avant le 12 mai 1814. »

Elle demeurera ainsi convaincue que jamais
le Roi n'a voulu que les officiers rentrés en activité depuis le 1er. janvier 1812 , et qui étaient
alors sans traitement de retraite et de réforme ,
fussent privés de la demi-solde jusqu'à ce qu'il
eût été statué sur leur sort, et qu'ainsi l'Exposant qui, au 1er. août 1815, était en demi-solde,
avait un droit acquis à ce que les dispositions
de l'ordonnance dudit jour lui fussent appliquées , droit que les dispositions de l'art. 1er.
de l'ordonnance du 20 mai dernier , rétablis-
sent dans toute leur intégrité.

La Chambre verra également à nu l'absur-
dité et la mauvaise foi du raisonnement, en
vertu duquel , sous le ministère de M. le maréchal duc de Feltre, le bureau de la solde des re-

traites , 3ᵉ. section , n'a cessé de dire à l'Exposant que l'ordonnance du 12 mai 1814 *remettait dans leur état précédent* les officiers rentrés en activité depuis le 1ᵉʳ. janvier 1812, *qui alors étaient sans traitement de retraite ni de réforme , et qu'ainsi il n'avait droit à aucun traitement , ni à aucune récompense militaire.*

Mais ce qui frappera le plus la Chambre, c'est qu'après la rentrée de M. le maréchal comte Gouvion - Saint - Cyr au ministère, et malgré que ce soit lui qui ait été le promoteur de l'ordonnance du 1ᵉʳ. août 1815 , ainsi que de celle du 20 mai dernier, le bureau de la solde des retraites, 3ᵉ. section, *juge et partie à l'égard de l'Exposant, veut (per fas et nefas)* que ses décisions, en ce qui concerne l'Exposant, quelque contraires qu'elles soient auxdites ordonnances des 1ᵉʳ. août 1815 et 20 mai 1818, *aient force de chose jugée :* il élude les réclamations de l'Exposant, ne pouvant les combattre. Il se prévaut de ce que dans le mémoire adressé à M. le maréchal comte Gouvion-St-Cyr, long-temps avant le 20 mai 1818, l'Exposant articulant, *comme fin de non recevoir en sa faveur* (ainsi que la Chambre peut l'avoir remarqué), qu'il n'était pas question des officiers d'état - major dans l'ordonnance du 12 mai 1814, repousse cette allégation à laquelle l'Exposant n'attachait qu'une très minime importance, ne répond, dans sa lettre en date du 19 juin dernier, à aucune des réclamations fondées établies dans ce mémoire, et termine cette lettre en disant *qu'il se trouve dans l'impossibilité de donner à ce nouveau mémoire la suite que l'Exposant desirerait.*

Dans un tel état de choses, et par tous les motifs ci-dessus établis, l'Exposant, en se résumant, supplie la Chambre de vouloir bien, après avoir pris tous les renseignements nécessaires pour se convaincre de la vérité des faits, et s'être bien assurée que l'intérêt général, celui du ministre lui-même, dont la responsabilité est compromise par les vexations qu'on commet en son nom, exigent que ladite pétition soit prise en considération,

Ordonner, 1°. Qu'un double de cette pétition demeure déposé au bureau des renseignements, afin que chaque député puisse, dans l'occasion, y trouver une preuve qu'il arrive quelquefois que la responsabilité des ministres est compromise par leurs bureaux;

2°. Que ladite pétition soit renvoyée au ministre de la guerre.

Il a l'honneur, Messieurs, d'assurer la Chambre de son profond respect,

JARRY DE MANCY,

Chevalier de l'Ordre royal de la Légion d'honneur.